LENE MAYER-SKUMANZ, IRMGARD HERINGER, ANNA HERINGER

LÖWEN GÄHNEN NIEMALS LEISE

Lene Mayer-Skumanz
Irmgard Heringer

Löwen gähnen niemals leise

Wie Lernen leicht gelingt
Geschichten, Tipps und Übungen für Kinder

Illustriert von Anna Heringer

VAK

VAK Verlags GmbH
Kirchzarten bei Freiburg

Die Deutsche Bibliothek – CIP-Einheitsaufnahme

Mayer-Skumanz, Lene:
Löwen gähnen niemals leise : wie Lernen leicht gelingt ;
Geschichten, Tipps und Übungen für Kinder /
Lene Mayer-Skumanz; Irmgard Heringer. Ill. von Anna Heringer. –
Kirchzarten bei Freiburg: VAK Verlags GmbH, 1998
ISBN 3-932098-21-8

Illustrationen: Anna Heringer
Lektorat: Norbert Gehlen
Satz und Layout: Norbert Alvermann
Druck: Beltz, Hemsbach
Printed in Germany
ISBN 3-932098-21-8

Dieses Buch widmen wir allen Kindern und Erwachsenen, die am Morgen am liebsten die Decke über den Kopf ziehen würden, die Schwierigkeiten mit der Schule und dem Leben haben, die sich selbst wenig zutrauen und deshalb des Öfteren Misserfolge erleben.

Ärger

David rührt in seinem Frühstückskakao.

„Trödle nicht!", sagt die Mama. „*Bitte!*" Das „Bitte" klingt wie: „Jetzt kriegen wir gleich Ärger miteinander."

„Hopphopp!", sagt der Papa. „Damit wir noch einmal diese paar kleinen Wörter für das Diktat üben können ..." Es klingt wie: „Das schaffen wir zwei doch im Nu, ganz locker, nicht wahr?"

Schade, denkt David, schade, dass der Papa nun im Nu enttäuscht sein wird. Denn bei David geht nichts ganz locker, im Gegenteil. Wenn er an das Diktat denkt, wird ihm heiß. Er weiß jetzt schon, dass er wieder viel zu viele Fehler machen wird!

„Oppopp!", schreit Daniela mit dem vergnügtesten Gesicht der Welt. Mit ihren zweieinhalb Jahren hat sie noch keine Ahnung von Schule und Diktaten und diesem unangenehmen Flattergefühl im Magen. David schiebt die Tasse mit dem Kakao weit von sich. „Ich kann nicht mehr!"

Papa schaut auf die Uhr und legt einen Zettel und einen Bleistift vor David auf den Küchentisch. „Also los, David. Schreiben wir: Der Herbst färbt die Blätter bunt. Das gefällt uns Kindern sehr." Bei den ä blökt der Papa wie ein Schaf, damit David sich erinnert, welche Wörter mit Umlaut-A geschrieben werden. Das findet Daniela herrlich, sie lacht und kreischt: „Noch! Noooch!"

David rückt den Zettel ein Stück nach rechts und krampft die Finger um den Bleistift. Er schreibt so schnell er kann.

„Drück nicht so fest auf“, sagt die Mama.

David hält Papa den Zettel hin. „Richtig so?“

Papa liest: Der Herds färdt die Blättr dunt. Das defällt uns Kindern sehr.

„Die ä stimmen, bravo, David. Aber in der Eile hast du statt der b lauter d geschrieben, schau. Und d statt g. Und dann hier die ausgelassenen Buchstaben!“

„Ach Gott, David", jammert die Mama. „Du musst dir ja nur merken: b trägt seinen Bauch nach rechts, d trägt seinen Bauch nach links. Das haben wir schon in der ersten Klasse geübt. Das ist doch für ein Kind in der dritten kein Problem mehr ..."

Für mich schon, denkt David. Mit mir stimmt etwas nicht.

Wieder schaut der Papa auf die Uhr. „Die ä kann er, und beim Diktat wird er sich zusammenreißen, damit er keine Buchstaben verwechselt. Nicht wahr, David, du wirst dich zusammenreißen? Also dann, macht es gut, ihr drei ..." Er winkt mit den Armen, meckert noch einmal wie ein Schaf - „Bäää!" -, Daniela quietscht vor Begeisterung - und schon ist der Papa zur Tür hinaus.

„Trink noch einen Schluck Kakao", bettelt die Mama, aber David packt nur noch schnell Banane und Brötchen in die Schultasche, schlüpft in seine Jacke und geht.

Er ist spät dran und macht große Schritte, aber rennen mag er nicht. Er kommt so leicht ins Keuchen, und dann lachen ihn die anderen aus.

Drei Häuser weiter vorn geht Viktoria. David erkennt sie sofort an ihren wippenden, kastanienbraunen Haarschöpfen. Und an der Art, wie sie beim Gehen die Arme schwingen lässt. Die Ampel schaltet auf Rot, deshalb holt David seine Klassenkameradin an der Kreuzung ein. „Hallo", schnauft er.

„Hallo", sagt Viktoria und hüpft von einem Bein aufs andere. Ihre rechte Hand schlägt aufs linke Knie, ihre linke Hand aufs rechte Knie. Die Haarschöpfe fliegen.

„Ist das dein Morgen-Schuhplattler?", fragt David.

„Jawohl!“, ruft Viktoria. „Der Herbst fääärbt die Bläääatter bunt. Später, näher, Wälder, Äste, lästig, kräftig ... Was noch?“

„Ärger“, murmelt David. „Kräääftiger Äääger schon beim Frühstück!“

„Grün, na, komm schon“, sagt Viktoria und gibt David einen kleinen Stups. „Ärger beim Frühstück, warum?“

„Weil sie einen immerfort üben lassen“, brummt David. „Kaum ist man auf den Beinen, soll man schon was schreiben.“

„Läääastige Väääter ...“, übt Viktoria im Weitergehen. „Weißt du, was ich mit Ärger mache? Ich werfe ihn weg, so ...“ Viktoria schüttelt ihre Handgelenke, dass die Hände nur so flattern. „Weg, weg, weg, weg!“

„Das hilft?“

„Garantiert!“

David guckt schnell nach allen Seiten, ob ihm jemand zuschaut, dann schüttelt er vorsichtig seine Hände.

„Schneller, energischer!“, befiehlt Viktoria. „Damit dein Ärger merkt, du meinst es ernst.“

Sie sind schon fast vor der Schule. David schüttelt seine Hände kräftiger, dreht den Kopf nach links und rechts, weil er dem Schütteln zuschauen will. Dabei kommt er ins Stolpern – wieso, versteht er nicht. Mühsam fängt er sich.

„He, Schwabbelbauch!“, schreit Max. „Fällst über deine eigenen Beine! Darfst dich nicht wundern, dass dich keiner beim Fußballspielen brauchen kann. Außer vielleicht als Ball ...“

David steht ganz still. Er spürt, wie sein Gesicht rot wird. Und der Hals. Und die Ohren.

Viktorias Augen funkeln. „Määäxchen, Määäxchen“, meckert sie. „Dürres Ääästchen, es sind eben nicht alle so dünn und lang wie du.“

„Ruhe dort unten“, sagt Max. Er ist nämlich viel größer als Viktoria.

Sie kichert. „Komm, Max, probieren wir, wer schneller oben ist …“

David keucht hinter den beiden die Treppen bis zur 3a hinauf. Um auch den neuen Ärger wegzuschütteln, brauchte er mindestens zwölf Hände!

Trost

„Das Diktat“, sagt die Lehrerin, „schreiben wir erst, wenn ihr richtig munter seid. Bis dahin machen wir Musik.“

Sie nimmt ihre Gitarre und zupft einen Dreiklang. Max rennt und stellt sich zu den Klangstäben, Viktoria schnappt sich einen Triangel. „Magst du auch?“, fragt sie David.

Er schüttelt den Kopf. Da ist es wieder, das Flattern in seinem Bauch. Und in seinem Kopf summt es so merkwürdig. Wie wenn jemand auf den Summer neben einer Tür drückt, und keiner macht auf …

Die Kinder singen. Die blonde Marlies in der ersten Reihe klopft mit einem Lineal den Takt dazu. Gustav schlägt in die Hände, jedesmal einen Herzschlag zu spät. Er hat noch nie Takt halten können, darüber müssen manche schmunzeln, aber keiner in der Klasse ärgert sich deshalb.

„Plim-plim-plim“, klingt Viktorias Triangel. Zu nahe und zu hell an Davids rechtem Ohr. Er lehnt sich zurück. Wenn das Diktat nur schon vorüber wäre! Kälter mit ä, Bäume mit ä, keine Buchstaben auslassen, b trägt seinen Bauch nach – wohin? Wohin trägt b seinen blöden Bauch?!

Die Lehrerin hängt die Gitarre an die Wand. „So, jetzt sind hoffentlich alle fit! Diktathefte austeilen!“

David schlägt sein Heft auf. Vor drei Wochen, noch im September, haben sie das erste Diktat des neuen Schuljahres geschrieben. Die Seite wimmelt von roten Strichen und Auslassungszeichen. Darunter steht in der kleinen, genauen Schrift der Lehrerin: „Deutlicher schreiben! Und versuche beim nächsten Mal, dich mehr zu konzentrieren!“

David fängt an zu schwitzen. Seine Hände sind nass. Der Füller rutscht zwischen seinen Fingern. Er packt ihn ganz fest.

„Also, aufgepasst!“, ruft die Lehrerin. Sie sieht richtig unternehmungslustig aus. Mit ihrer klaren Stimme fängt sie zu diktieren an: „Der Herbst gefällt uns sehr. Er färbt die ...“

„Halt! Einen Moment noch!“, schreit Viktoria. „Ich habe mein Glas Wasser vergessen.“ Sie läuft nach vorn zum Waschbecken.

Die Lehrerin runzelt die Stirn. Aber Viktoria macht ihr „Du-bist-mir-doch-bestimmt-nicht-böse“-Gesicht. Gluck-gluck-gluck – hastig trinkt sie ein großes Glas. „So, jetzt ist meine innere Maschine geschmiert.“

„Wer muss noch trinken?“, fragt die Lehrerin mit deutlicher Ungeduld.

Keiner muss, außer Marlies, die sich immer an Viktorias Beispiel hält.

„Also, dann im zweiten Anlauf ... Alle bereit? Der Herbst ...“

David weiß nicht, worauf er als Erstes Acht geben soll: dass alle ä an ihrem Platz stehen oder dass er nicht zu stark aufdrückt oder dass er keinen Buchstaben auslässt. „Etwas schneller, David“, mahnt die Lehrerin.

Er schiebt das Heft noch ein Stück weiter nach rechts, legt den Kopf schief und schreibt drauflos. Beim Durchlesen später werden ihm ausgelassene Buchstaben bestimmt auffallen! Die Lehrerin lässt ihnen ja immer Zeit zum Durchlesen.

Als die Lehrerin die Hefte endlich einsammelt, bemerkt David, wie hungrig er ist. Er zieht das Brötchen aus der Schultasche und beißt schnell einen großen Bissen ab. Mmm, Wurst und Gurke! Noch einen Bissen. Noch einen. Das Brötchen ist viel zu klein für einen so großen Hunger!

In der Pause wird David sich beim Hausmeister eine Mandelschnecke kaufen. Oder eine Tafel Schokolade. Aber bis zur Pause dauert es noch!

Die Lehrerin teilt Zeichenblätter aus. „Wir gestalten ein Herbstbild. Drachen oder Weintrauben oder was euch zum Herbst einfällt!“

David nimmt seine Buntstifte und zeichnet den Igel, den er am letzten Sonntag in Opas Garten beobachtet hat. Es war schon gegen Abend, und ein lautes Schmatzen hat David ans Fenster gelockt. Unter dem Birnbaum hat der Igel eine süße, reife, beim Aufprall zersprungene Birne gefunden. Die war ein Leckerbissen für ihn.

David zeichnet dem Igel schwarze Augen, schöne, breite Ohren und eine spitze Schnauze, kurze Beinchen und einen Stummelschwanz. Die Stacheln sind bräunlich und gelblich, nur an der Spitze schwarz. Ja, David hat genau hingeschaut und sich später in Opas Tierbuch die Igelfotos angesehen. Schnurrbarthaare nicht vergessen! Das Igelgesicht ist hell, David nimmt ein zartes Gelb dafür. Vor die Nase des Igels zeichnet er eine große, rotgelbe Birne.

Irgendetwas fehlt dem Bild noch: Man spürt nicht, dass es Abend wird! David zeichnet eine buttergelbe Mondsichel und umgibt sie mit dämmrigem Violett. Fertig!

Gustav dreht sich um. „Toll, dein Igel! Hilfst du mir bei meinem Drachen?"

David nickt und zeichnet für Gustav einen geschwungenen Drachenschwanz mit bunten Schleifen. So merkt man, dass ein tüchtiger Wind weht!

Während die Kinder zeichnen, verbessert die Lehrerin die Diktate.

„David, komm doch schnell her zu mir! Schau, die ä hast du ja brav geübt. Aber die vielen Auslassungen! Und d und b verwechselt!"

David geht zum Lehrertisch und murmelt: „Ich hab aber extra aufgepasst, b trägt seinen Bauch nach rechts, d trägt seinen Bauch nach links!"

„Stimmt!", sagt die Lehrerin. „Streck deinen rechten Arm aus!"

David streckt seinen linken Arm aus, hört Max lachen und hebt schnell den anderen Arm.

„Hihi, unser Dicker kennt nicht einmal rechts und links!"

„Bist du still, Max!", sagt die Lehrerin. „David, ich möchte noch in dieser Woche mit deiner Mama sprechen!"

David geht auf seinen Platz zurück und würde am liebsten heulen.

Das Pausenzeichen schrillt, die Kinder packen ihre Brote aus. David verschlingt seine Banane. Die Lehrerin geht durch die Reihen und betrachtet die Herbstbilder. „Schön, dein Igel, David! Gib ihn mir, der kommt in unsere Herbstausstellung!"

Aha, sie will ihn trösten! Jetzt soll er sich wohl freuen, oder? Aber das ist kein Trost für David. Er braucht etwas Süßeres. Etwas *ganz* Süßes. Er geht den anderen Kindern nach in die Pausenhalle und kauft beim Schulkiosk eine große Tafel Schokolade.

„Gute Vollkornbrötchen hätten wir auch“, meint die Frau des Hausmeisters. „Oder lieber einen Apfel statt der Schokolade?“

David fühlt, wie er rot wird. Jaja, er hat ein paar Kilo zu viel. Und Äpfel sind gesünder als Mandelschnecken und Schokolade. Aber ein Apfel hat nicht diese Kraft zum Trösten.

Er schleicht in den Schulhof und sucht sich einen stillen Platz hinter den Kastanienbäumen. Seine Finger zittern, als er die Schokolade auspackt.

„Mensch, David, wie du in dich hineinmampfst!“

Er schaut auf. Viktoria steht vor ihm, mit wippenden Haarschöpfen.

„Lass mich in Ruh, Viktoria!“

„Nein“, sagt Viktoria. „Lass ich nicht ... Hör zu. Mein älterer Bruder, der Andi, der hat ähnlichen Ärger wie du mit den Buchstaben und Ziffern und links und rechts. Der geht nun zur Frau Sommerer, die berät ihn, wie er sich beim Lernen leichter tut, und sie weiß lauter gute Tipps für ihn. Die sagt er mir, und ich probiere sie aus. Sie wirken, das schwör ich dir. Sie wirken beim Andi und bei mir. Man ist bei Tests weniger aufgeregt und hat einfach mehr Kraft zum Denken. Tipps gegen den Stress, verstehst du!“

„Gehört das Wassertrinken dazu?“

„Zum Beispiel.“

„Und dein Schuhplattler heute morgen?“

„Das Überkreuzspiel. Genau.“

David denkt nach. „Aber ich bin so ungeschickt, bei diesem Spiel würde ich glatt umfallen."

„Pah, das kannst du am Anfang ja ganz langsam machen ... Und jetzt zeig ich dir die ‚Denkmütze', gib Acht!" Viktoria schüttelt die Haarschöpfe nach hinten und hebt die Hände zu den Ohren. Sie nimmt den Rand

jeder Ohrmuschel zwischen Daumen und Zeigefinger und massiert von oben nach unten. „Los, mach das! Du wirst dich gleich frischer fühlen. Und du musst gar nicht so wild nach allen Seiten schielen, hier kümmert sich keiner um dich. Der Max guckt der Marlies beim Gummitwist zu ..."

David wird wieder rot, aber er versucht, seine Ohren zu massieren, wie Viktoria es ihm zeigt.

„Versprich mir, dass du das von jetzt an vor jedem Rechnen und Schreiben tun wirst“, drängt Viktoria.

Er hält inne und schaut sie an. „Warum? Was geht das eigentlich dich an, wie es mir geht?“

„Oh, nur so“, sagt Viktoria. „Weil ... , weil ich dich leiden kann. Kapiert?“

Löwen gähnen niemals leise

Die ganze Rechenstunde lang muss David darüber nachdenken: Viktoria kann ihn leiden? Was bedeutet das? Dass sie ihn mag, obwohl er so ungeschickt ist und ein Totalversager beim Fußballspielen und auch ein bisschen zu dick und jedenfalls viel zu schüchtern, ein richtiger Trau-mich-nicht?

Noch nie hat ein Kind in der Klasse David erklärt, dass es ihn leiden kann.

Im Kindergarten damals – ja, da war die Marialuise aus dem Siebzehnerhaus, die hat ihm gesagt, dass sie ihn liebt. Aber David seinerseits hat Marialuise nicht geliebt, und so war die Angelegenheit eher schwierig ...

Was findet Viktoria an David, dass sie ihn mag?

Weil er ihr seine Buntstifte borgt? Die borgt er anderen Kindern auch, das kann nicht der Grund sein.

Weil er gut zeichnet? Viktoria zeichnet auch nicht schlecht.

Es muss ein tieferer, geheimer Grund sein, aber David weiß jetzt schon, dass er sich nie, nie, nie trauen wird, danach zu fragen.

Er schielt nach rechts. Viktorias Haarschöpfe baumeln leise über ihrem Mathematikbuch.

David reibt sich die Ohren, wie Viktoria es ihm gezeigt hat, und macht sich an die nächste Rechenaufgabe: Ilse kauft sechs Äpfel ein, ein Apfel kostet ...

Entweder sind diese Beispiele besonders leicht, oder die Denkmütze fängt an zu wirken. Vielleicht wirkt auch Viktorias „Weil ich dich leiden kann", wer weiß? Wenn sie schon früher neben ihm gesessen wäre, schon in der ersten und zweiten Klasse, wäre dann nicht die ganze Schulzeit angenehmer geworden? Aber Viktoria ist erst seit Beginn des neuen Schuljahres bei ihnen, ihre Familie musste umziehen, weil der Vater eine neue Arbeitsstelle bekommen hat.

„So, jetzt nehmen wir unsere Würfel!", sagt die Lehrerin.

Dieses Rechenspiel spielen David und Viktoria meistens gemeinsam. Jedes Kind würfelt, dann gucken sie nach den Augenzahlen der beiden Würfel und multiplizieren diese Zahlen miteinander. Wer kann das schneller? Vier Augen bei Davids Würfel, sechs Augen bei Viktoria ...

„Vierundzwanzig", sagt David.

Viktoria nickt, es zuckt um ihren Mund. Dann ruft sie laut in die Klasse hinein: „Achtung, nicht erschrecken, der Löwe kommt!" Und schon reißt sie den Mund auf und gähnt. „Uaaah! Uaaah! U-u-u-aaah!"

Die Kinder lachen. David kann nicht anders, er muss mitgähnen.

„Gut", sagt Viktoria. „Noch lauter! Wie ein ganzes Rudel Löwen!"

„Viktoria!“, ruft die Lehrerin. „Ich ...“

Aber nun gähnt die ganze Klasse. Laut und ungeniert.

„Gähnen ist gesund!“, sagt Viktoria zur Lehrerin.

„Mag sein“, antwortet sie verärgert. „Aber ein höflicher Mensch gähnt leise und hält sich die Hand vor den Mund!“

„Ich bin kein höflicher Mensch, ich bin ein Löwe!“, sagt Viktoria. „Uaah!“

„U-u-u-aaah!“, brüllt die Klasse.

Die Lehrerin presst die Hand vor den Mund, weil das Gähnen ansteckend ist. Sie weiß nicht, ob sie lachen oder schimpfen soll. Sie entscheidet sich fürs Schimpfen. „Viktoria, ich bin enttäuscht von dir. Ich habe mich so bemüht, dir das Eingewöhnen zu erleichtern. Ich habe bei deinen Späßen oft ein Auge zugedrückt. Aber du wirst mir in diese Klasse, die bisher immer halbwegs nett war, keine neuen Unsitten ...“

„Bitte, das ist keine Unsitte, sondern ein heißer Tipp von unserer Lernberaterin!“, ruft Viktoria. „Ich versteh überhaupt nicht, warum man diese Tipps nicht in der Schule lernt. Mein Papa versteht das auch nicht. Und meine Mama versteht es auch nicht. Und die Oma auch nicht. Wenn man im Kopf müde wird, soll man laut gähnen, wie ein Löwe. Und Löwen gähnen niemals leise. Uaaah!“

Die Lehrerin schaut richtig verzweifelt drein. Ihre Stimme klingt scharf. „Viktoria, ich lasse deine Mama bitten, mich noch in dieser Woche zu besuchen. Vergiss nicht, ihr das auszurichten!“

„Richte ich klarerweise verlässlich aus“, sagt Viktoria. Dann beugt sie sich zu David und flüstert ihm ins Ohr:

„Meine Mama wird sauer sein, weil sie sich vom Büro freinehmen muss ... Weißt du was? Schicken wir unsere Mütter am selben Tag her, dann kann *meine* Mama *deiner* Mama alles über die Frau Sommerer erzählen. Die hilft dem Andi sehr. Die wär bestimmt auch gut für dich."

„Wenn du meinst", murmelt David und hofft im Stillen, dass die beiden Mütter nicht am selben Tag Zeit haben. Damit er nicht zu dieser Frau Sommerer gehen muss, die seiner Mama womöglich erklären wird: Tut mir leid, bei Ihrem Sohn stimmt etwas im Kopf nicht, er *kann* einfach nicht lernen, er ist *dumm*. Finden Sie sich bitte damit ab!

Die Stimme der Lehrerin reißt ihn aus seinem Grübeln: „David, wir sind längst auf der nächsten Seite im Buch! Wandle zwei Zentimeter in Millimeter um!"

„Zwanzig Millimeter", sagt David.

Im Nu hat er eine ganze Reihe von Zentimeterangaben in Millimeter umgewandelt. Und umgekehrt. Na bitte, er ist *nicht immer* dumm. Nur bei Tests und Prüfungen und all den anderen Gelegenheiten, bei denen er so gern gescheit sein möchte. Bei denen es *ums Ganze* geht, wie der Papa sagt.

„Siehst du, wie das Gähnen nützt?", wispert Viktoria vergnügt.

Die Mutmacherin

Fein, die Oma gibt zwei Stunden auf Daniela Acht! So können Mama und David in aller Ruhe zu Frau Sommerer gehen. Freilich: *Fein* findet es nur die Mama, und in aller Ruhe geht nur *sie*. Denn David hat schon wieder dieses komische Flattern im Magen.

„Sie wird mich prüfen", flüstert er.

„Sie wird dir ein paar Übungen zeigen", meint Mama. „Die üben wir dann gemeinsam zu Hause. Vielleicht nützen sie auch mir."

„Dir?!", ruft David.

Die Mama lacht. „Glaubst du nicht, dass auch Erwachsene noch was lernen können? ... Also im Ernst. Ich wüsste gern ein paar Tricks, um meinen Alltagsstress zu bewältigen."

„Wasser trinken, Mama!"

„Na, das wär wenigstens ein Rezept, das nichts kostet!"

Frau Sommerer wohnt in einem alten Haus mit einer steilen Treppe. Im Hausflur steht ein großes Schaukelpferd. Seine Mähne ist aus echtem Haar geknüpft, über dem Rücken trägt es eine bunte Decke.

„Mama, darf ich schnell ..." Im Nu sitzt David auf dem Pferd. Es ächzt und quietscht beim Schaukeln. Die Mama wartet ungeduldig. „Jetzt mach endlich, David."

„Lassen Sie ihn nur!", ruft eine Stimme von oben. David schaut hoch. Eine Frau in Jeans kommt die

Treppe herunter. Sie sagt: „Ich hab noch kein Kind gesehen, das an diesem Schaukelpferd vorbeikann, ohne schnell einmal zu reiten. Ich selber setz mich manchmal drauf, einfach so, aus Spaß.“ Sie gibt Mama und David die Hand, stellt sich vor und führt die beiden hinauf in ihre Wohnung.

David guckt sich um. Es ist ein ganz normales Wohnzimmer, in dem sie sitzen, nichts sieht nach Lernen und Schule aus, nur auf dem Tisch liegen ein paar Blätter und Bilder.

„Also, David, *was* möchtest du besser können?“, fragt Frau Sommerer.

Schon macht die Mama den Mund auf, um für David zu antworten, aber Frau Sommerer lässt sie gar nicht zu Wort kommen. „Bitte, das soll mir der David sagen“, meint sie freundlich. „Was möchtest du besser können?“

„Rechtschreiben“, sagt David. „Überhaupt schreiben.“

„Wie fühlst du dich dabei, wenn du das machen musst?“

„Scheußlich“, brummt David.

Frau Sommerer nickt. „Und wo spürst du dieses scheußliche Gefühl?“

„Hier“, sagt David und legt die Hand auf die Magengrube. „Und auch im Kopf. Im Kopf ist dann so ein leeres Gefühl.“

„Aha. Und hörst du dann so eine Stimme in dir, die dauernd redet: Das kann ich nicht, das ist mir viel zu schwer, alle anderen sind besser, am liebsten würde ich es gar nicht machen, aber ich muss ja ...?“

David nickt überrascht. „Genau so!“

Frau Sommerer lächelt. „Da bist du nicht allein. Ich

kenne das auch von mir – von früher, als ich noch zur Schule gegangen bin. Und jetzt weiß ich durch meine Arbeit, dass es *vielen* Kindern so geht, auch vielen Erwachsenen. Irgendwann meinen sie tief in ihrem Inneren, dass mit ihnen etwas nicht in Ordnung ist, dass sie vielleicht sogar dumm sind. Und dabei stimmt das gar nicht! Sie haben nur noch nicht gelernt, ihr Gehirn beim Lernen richtig zu verwenden. Sie blockieren sich selbst. Ich werde dir das mit ein paar Bildern erklären. Aber zuerst zeige ich dir, wie du das scheußliche Gefühl aus dem Bauch hinausblasen kannst."

„Hinausblasen?!"

„Hinausblasen!" Sie tritt hinter Davids Stuhl. „Ich lege dir jetzt meine Hände auf die sogenannten Stresspunkte auf deiner Stirn. Sie heißen auch ‚Positive Punkte', denn wenn man sie berührt, kann man wieder mit mehr Mut und Hoffnung denken. Du kannst dir diese Punkte später auch selber halten. Da sind sie, die Stirnbeinhöcker, zwischen Augenbrauen und Haaransatz. Spürst du sie? Die halte ich dir jetzt ganz sanft. Gut so? Jetzt denk an die letzte Rechtschreibübung oder an ein Diktat. Was für ein Gefühl hast du jetzt?"

„Na, wieder dieses scheußliche!"

„Gut, das bläst du jetzt hinaus! Tief einatmen! Aus dem Mund hinausblasen! Lange ausatmen! Laaange – ffff – jawohl! Und wenn nichts mehr von dem scheußlichen Gefühl in der Magengrube ist, dann atme frische Luft dorthin! Noch mehr frische Luft! Ja, ganz tief! So, wie geht es dir jetzt?"

David reckt die Schultern und schüttelt die Arme. „Nicht so schlecht, würde ich sagen. Besser als vorhin!"

Die Mama staunt. „So einfach geht das? Funktioniert das auch bei Erwachsenen?“

„Natürlich. David, halte einmal deiner Mama die Stresspunkte! Ja, genau so. Zu Hause könnt ihr das auch dem Papa beibringen.“

David streicht sanft über Mamas Stirnbuckel. Er massiert sie mit kleinen Kreisen. „Gut so?“

„Mmm, gaaanz gut“, seufzt die Mama und bläst die Luft zwischen den gespitzten Lippen hinaus.

David freut sich. Endlich einmal kann er der Mama was Gutes tun!

Die Freude, das spürt er ganz deutlich, ist wie ein warmer Springbrunnen, der angenehm kribbelnd in ihm hochschießt, irgendwo aus dem Bauch herauf in die Brust, in den Hals ... Sein Herz klopft stark.

Die Mama neigt den Kopf nach vorne, seine Finger gleiten weg von ihrer Stirn, streifen das weiche Haar. „David, jetzt geht es nicht um mich, die Frau Sommerer wollte uns doch Bilder vom Gehirn zeigen ...“

Ungern lässt David die Hände sinken, setzt sich wieder auf seinen Stuhl.

Während Frau Sommerer die Bilder vor ihm ausbreitet, fällt ihm ein, dass irgendeiner, vielleicht der Gustav, auch der Lehrerin in der Schule die Stresspunkte halten müsste. Gleich beim nächsten Mal, wenn Viktoria die Löwen wieder gähnen lässt!

Das größte Wunder auf der Erde

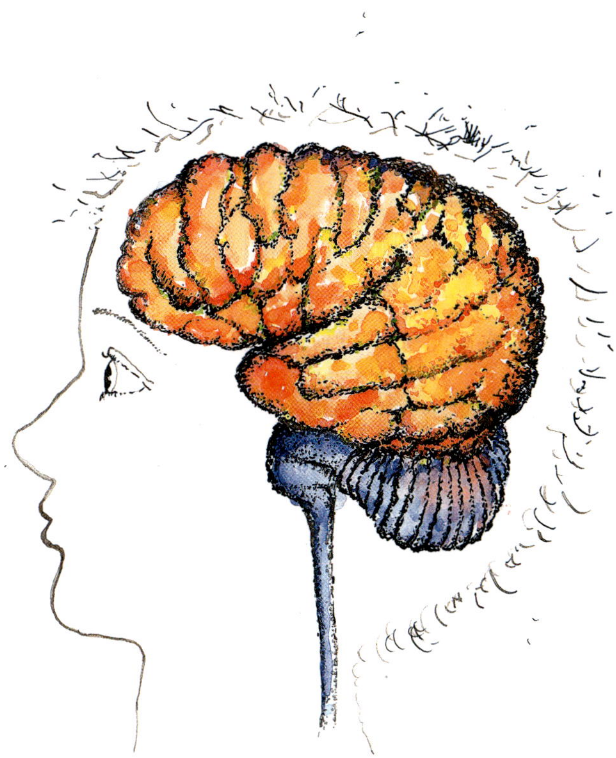

Frau Sommerer schiebt das erste Bild vor David. „So ungefähr sieht es innen in deinem Kopf aus."

„So? Na wumm! Hätt' ich nie gedacht!"

Frau Sommerer schmunzelt. „Was ich immer sage: Das größte unerforschte Gebiet der Erde liegt in unseren Köpfen! Wir fahren durch die ganze Welt, ja sogar bis zum Mond, lassen unser Roboterwägelchen über den

Mars rollen - aber das Gebiet, das uns am nächsten liegt, das kennen wir am wenigsten. Für mich" - sie seufzt - „also für mich ist das menschliche Gehirn das größte Wunder auf der Erde!"

Sie legt das nächste Bild vor David. „Was meinst du, wieviele Nervenzellen gibt es wohl in deinem Gehirn? So viele, dass es sich unsereins gar nicht vorstellen kann. Zehn Milliarden, das sind so viele, wie es Sterne auf unserer Milchstraße gibt. Oder noch mehr."

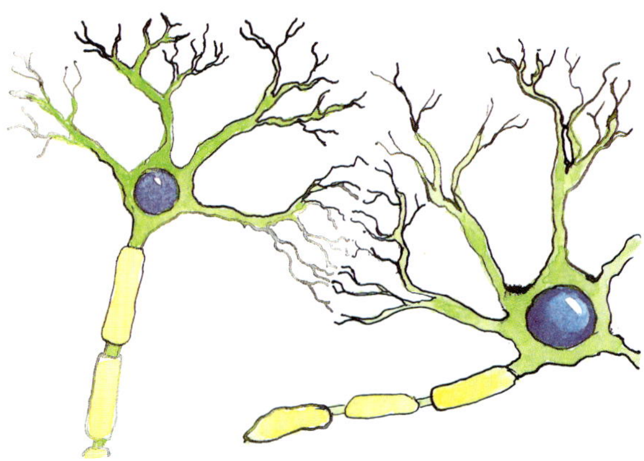

„Und was sind das für komische Zweige?", fragt David.

„Das sind die sogenannten Dendriten und Axone, kleine Fasern an jeder Nervenzelle. Sie sehen wie Minibäumchen aus, nicht wahr? Sie stellen die Verbindungen zu den Nervenzellen nebenan her. Wenn du zum Beispiel etwas hörst oder siehst, dann werden diese Reize oder Botschaften durch die Nervenfasern weitergeleitet, wie durch Telefonkabel. Wenn wir alle diese Nervenfasern aneinanderlegen könnten - wie lang wäre dieser Faden? Stell dir vor: Er würde von der Erde bis über den Mond hinausreichen!"

„Eine lange Leitung“, murmelt die Mama.

„So, und jetzt noch was Interessantes“, sagt Frau Sommerer und zeigt David das nächste Bild. „Die große Spaltenhüpferei! Die Nervenfasern sind nämlich *nicht direkt* mit der anderen Nervenzelle verbunden. Dazwischen sind kleine Spalten, die Synapsen. Jeder Reiz, jede Botschaft, die in deinem Gehirn blitzschnell weitergegeben wird, muss über Millionen und mehr solcher Spalten hüpfen und durch diese langen Leitungen reisen.

Da kann es natürlich passieren, dass eine Botschaft irgendwo hängen bleibt und du in der Schule plötzlich nicht mehr weißt, was du sagen wolltest. Dann denkt sich deine Lehrerin: Der hat aber eine lange Leitung!“

David nickt bekümmert. „Das wird sie sich bei *mir* oft denken ...“

„Aber dafür gibt es einen einfachen Trick: Wasser trinken!“, sagt Frau Sommerer. „Mit Wasser kann man die langen Leitungen ölen!“

„Also darum trinkt die Viktoria so viel Wasser!“, ruft David. „Bei der ist immer alles geölt!“

„Und *wieso* funktioniert das mit Wasser?“, fragt Davids Mama.

„Die Nervenimpulse haben mit Elektrizität zu tun“, sagt Frau Sommerer. „Sie werden elektrisch entlang der Nervenfasern weitergeleitet. Wasser ist eine Voraussetzung dafür. Im Wasser sind Bestandteile, die die elektrischen Impulse weiterleiten. Unser Körper besteht zu zwei Dritteln aus Wasser. Wenn wir zu wenig haben, dann können Botschaften in uns verloren gehen. Wir fühlen uns schlecht, denken nicht schnell genug, und das Lernen fällt uns schwer. Also: Besonders bei Stress und Belastung Wasser trinken!“

„Auch bei Alltagsstress?“, fragt David ganz gescheit.

Frau Sommerer lächelt überrascht. „Ja ... Was, meinst du, ist Alltagsstress?“

„Oh ... , alles, was Mütter machen“, erklärt David. Er blinzelt seiner Mama zu: „Jetzt weißt du’s. Immer gleich Wasser trinken!“

Bruder Links und Schwester Rechts

„Das menschliche Gehirn“, sagt Frau Sommerer, „besteht aus mehreren Teilen und hat sich über Millionen von Jahren entwickelt. Der älteste Teil ist der Hirnstamm oder das Reptilienhirn, das ganz ähnlich ist wie bei Schlangen, Fröschen und Eidechsen.“

„Auch bei Dinos?“

„Ich vermute. Das Reptilienhirn sorgt wie ein Hausmeister für das Funktionieren unseres Körpers, es steuert zum Beispiel den Atemrhythmus und den Herzschlag.

Der etwas jüngere Teil wird das limbische System genannt und liegt über dem Hirnstamm. Er ist vergleichbar mit einer chemischen Fabrik. Hier entstehen Empfindungen, Gefühle und Erinnerungen.

Wieder ein anderer Teil unseres Gehirns, das Kleinhirn, steuert das Zusammenspiel der Muskeln und das Bewahren des Gleichgewichts.

Der jüngste Teil in der Gehirnentwicklung ist das Großhirn oder der Neokortex, der uns zu Menschen macht. Die Großhirnrinde ist eine dünne, zusammengefaltete Haut, etwa drei Millimeter stark. Wenn man sie glattstreichen würde, wäre sie so groß wie eine Zeitungsseite. Sie ist der Ort, wo Denken und Lernen stattfinden.“

„Kennst du dich noch aus, Mama?“, fragt David

besorgt. „Mir brummt der Kopf schon in *allen* Teilen."

„Mir auch ein bisschen", gesteht die Mama. „Was ist das da, was so aussieht wie zwei Walnusshälften?" Sie zeigt auf ein Bild.

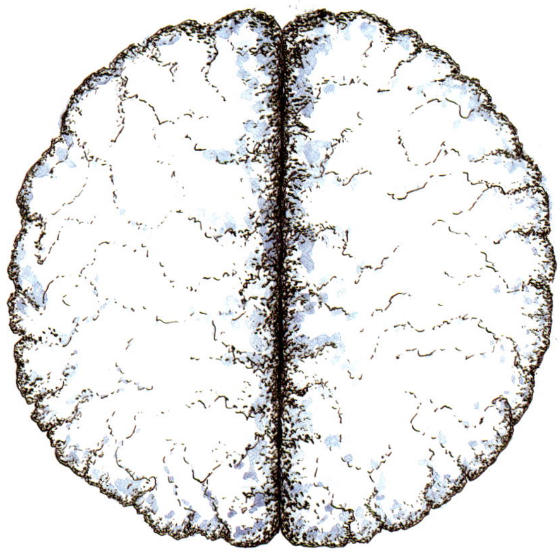

„Das", sagt Frau Sommerer, „das ist das Großhirn mit seinen beiden Hälften, die fast gleich aussehen – wie Zwillinge. Doch sie haben ganz unterschiedliche Aufgaben. In jeder Gehirnhälfte sitzt sozusagen eine Denkerkraft, die ihre Spezialarbeit tut. Wenn du Lust hast, David, schauen wir uns jetzt in den beiden Gehirnhälften ein wenig um und besuchen Bruder Links und Schwester Rechts."

„Augenblick!", ruft David. „Ich brauche keine Schwester im Kopf. Mir genügt die Daniela."

„Ich verstehe", sagt Frau Sommerer. „Es *ist* aber so, dass jeder von uns sozusagen Bruder und Schwester im Kopf hat. Ich meine damit sogenannte männliche und

weibliche Eigenschaften. Beide sind gleich wichtig und gleich wertvoll. Es kommt darauf an, dass diese Geschwister in uns nicht streiten. Sie sollen sich beide gut entwickeln und freundlich zusammenarbeiten. Dann sind wir nicht einseitig, sondern ganz und heil. Schauen wir uns an, was Bruder Links und Schwester Rechts alles können." Sie legt zwei Zeichnungen vor David.

„Bruder Links beschäftigt sich gerne mit Buchstaben, Zahlen, Daten und Regeln. Er denkt sehr logisch und kann gut rechnen. Er spricht in Worten und Sätzen, aber seine Stimme klingt abgehackt, wie aus dem Computer. Er ist häufig angespannt, manchmal auch verspannt, denn er strengt sich sehr an und versucht

12:35
ZEUGNIS
Mathematik
Physik
Deutsch
Sport
ABCDEFGH
IJKLMNOP
QRSTUVWX
YZ
REGELN
(a+b)² = a²+2ab+b²
(a-b)² = a²-2ab+b²
E=m·c²
§§§§
DATEN

alles richtig zu machen. Er arbeitet genau und Schritt für Schritt. Wenn zuviel auf ihn einstürzt, geht gar nichts mehr ... Die Uhr und die Pünktlichkeit sind sehr wichtig für ihn. Er sieht immer gleich auf die Einzelheiten, deshalb erkennt er nie das Ganze auf einen Blick. Er sieht vor lauter Bäumen den Wald nicht, aber den einzelnen Baum untersucht er ganz genau in allen Teilen."

„Ich habe den Verdacht, dass er gern in die Schule geht", brummt David.

Frau Sommerer lächelt. „Ohne seine Schwester Rechts wäre er dort gar nicht glücklich ...

Schwester Rechts denkt und spricht in Bildern. Sie sprüht vor Ideen und Fantasie. Sie liebt Musik, Klang und Rhythmus, auch das Tanzen, und sie malt gern kunterbunte Bilder. Aber auch das Faulenzen und Sichentspannen liegt ihr sehr. Dabei träumt sie vor sich hin, ohne auf die Zeit zu achten. Die besten Einfälle fliegen ihr nur so zu. Beim Schlafen schickt dir Schwester Rechts die Träume. Sie denkt in Zusammenhängen – vernetzt – und versteht sich auf das Ganze, dafür *nicht* auf die Einzelheiten, wie Bruder Links."

„Na gut", sagt David. „Ich glaube, ich kann Schwester Rechts *doch* leiden."

Am besten zu zweit

„Jetzt guck dir noch dieses Bild an", sagt Frau Sommerer zu David.

„Bruder Links und Schwester Rechts haben nämlich noch eine weitere Aufgabe. Sie steuern jeweils die gegenüberliegende Körperseite."

David betrachtet die Zeichnung mit gerunzelter Stirn. „Heißt das, dass mein Bruder Links beim Schreiben meine rechte Hand steuert?"

„Ja. Und er steuert nicht nur deine Schreibhand, sondern auch das rechte Ohr, das rechte Auge und das rechte Bein, die ganze rechte Seite. Die Nervenbahnen zwischen den beiden Gehirnhälften und dem Körper überkreuzen sich. Das sieht fast wie ein X aus, was?“

„Und da soll meine rechte Hand beim Schreiben nicht durcheinander kommen, bei diesem Hin und Her ...“, knurrt David.

„Hin und Her, das ist kein schlechter Vergleich“, sagt Frau Sommerer. „Es kommt auf das Hin und Her an. Da, schau dir noch dieses Bild an ...“

„Jetzt telefonieren sie miteinander!“, ruft David.

„Ja, und das sollen sie auch“, sagt Frau Sommerer. „Zwischen Bruder Links und Schwester Rechts gibt es viele Millionen Verbindungsdrähte, wie ein riesiges Telefonnetz. So können die beiden Geschwister mit ihren unterschiedlichen Fähigkeiten einander ergänzen.

Aber leider ist dieses Telefonnetz in unserem Gehirn manchmal gestört. Dann arbeiten die zwei Gehirnhälften schlecht zusammen. Da kann es sein, dass du ungeschickt bist, zwei linke Hände hast, über deine eigenen Füße stolperst und dir ganz dumm vorkommst. Manchmal, besonders bei Prüfungen, fühlt es sich im Kopf oben ganz leer und dunkel an.“ „Kenn ich“, seufzt David.

„Das passiert immer dann, wenn du Angst und Stress hast oder wenn du dir innerlich vorsagst: Das kann ich nicht! Das ist mir viel zu schwer! Das schaffe ich nie! Blödes Rechtschreiben!“

„Der Blitz da ...“, sagt David. „Was macht der?“

„Der zeigt, dass du schon wieder ‚Das kann ich nicht‘ denkst. Dieser Blitz fährt durch die Verbindungsdrähte – und schon sind Bruder Links und Schwester Rechts getrennt. Sie verstehen einander nicht mehr. Das heißt, wir Menschen blockieren unsere Fähigkeiten selbst. Die Gehirnforscher sagen: Wir nützen unser Gehirn nicht aus. Wir können viel mehr, als wir von uns glauben."

„Aha!" ruft David. „Dann sollen meine Gehirngeschwister doch mal ordentlich miteinander telefonieren. Ich will ihnen keinen Blitz schicken!"

„Natürlich ist es am besten, wenn sie zu zweit arbeiten", sagt Frau Sommerer. „Damit sie es in Zukunft beim Rechtschreiben besser können, dazu gibt es Übungen und Tipps. Die zeige ich dir jetzt. Damit kannst du dir selbst helfen."

„Die Mutti soll gleich mitüben", schlägt David vor.

Mit Wasser und Musik

Frau Sommerer geht in die Küche und holt drei Gläser mit frischem Wasser. Die stellt sie auf den Tisch. „Prost, David. Trink langsam ein paar Schluck davon und sage dir dabei innerlich vor: Ich kann von Tag zu Tag besser rechtschreiben. Ich kann es, ich schaffe es!"

David trinkt. Er fragt: „Darf ich es auch äußerlich sagen?"

„Klar", sagt Frau Sommerer. „Nur zu!"

„Ich kann von Tag zu Tag besser rechtschreiben. So gut wie Viktoria. Ich schaffe es. Ich schaffe es."

Frau Sommerer bietet Davids Mama ein Glas Wasser an. Mama trinkt mit nachdenklichem Gesicht. Dann murmelt sie vor sich hin: „Ich schaffe es, ich schaffe es.“

„Sie meint ihren Alltagsstress“, flüstert David Frau Sommerer zu.

Auch die hat ein Glas halb leer getrunken. Sie sagt zu David: „Nun werden wir deine Gehirnknöpfe suchen. Das heißt, die Knöpfe, mit denen du dein Gehirn so richtig in Schwung kriegst. Sie liegen ..., nein, falsch geraten, sie liegen nicht am Kopf, sondern weiter unten, hier, unterhalb der Schlüsselbeine, links und rechts neben dem Brustbein. Diese beiden Punkte rubbelst du mit einer Hand, und die andere Hand legst du über deinen Bauchnabel, ungefähr eine halbe Minute lang. Dann wechselst du die Hände. Atme dabei tief und ruhig und stell dir vor, wie du dich beim Rechtschreiben immer besser und besser konzentrieren kannst.“

David rubbelt dort, wo Frau Sommerer es ihm gezeigt hat, und fragt: „Wie lang ist eine halbe Minute? Mama, stoppst du die Zeit?“

„Ich kann nicht, ich rubble selber", sagt die Mama mit geschlossenen Augen. „Das mit der Zeit werden wir schon ins Gefühl kriegen. Vor allem muss ich jetzt die Übungen mitlernen, damit wir sie zu Hause machen können."

„Du kannst ja mich fragen,wenn du sie vergessen hast", sagt David.

Frau Sommerer stellt einen Kassettenrekorder auf den Tisch und schaltet eine flotte Melodie an. „Jetzt wird es lustig, jetzt üben wir die Überkreuzbewegung, damit Bruder Links und Schwester Rechts das Zusammenarbeiten besser lernen. Pass auf, so geht's: linker Arm und rechtes Bein, dann rechter Arm und linkes Bein, immer wieder abwechseln. Linke Hand auf rechtes Knie, rechte Hand auf linkes Knie, und so, und so, und so, und so. Los! Deine Mutti macht auch mit ..."

David starrt die beiden tanzenden Frauen an. „Das ist ja Viktorias Morgen-Schuhplattler!" Er starrt auf seine Füße. „Aber wie soll ich ... , wo ist rechts und links? Hilfe, das geht ja alles durcheinander ...!"

Frau Sommerer lacht. „Siehst du, so durcheinander fühlt es sich im Körper an, wenn du ein Diktat schreiben sollst. Aber das wird jetzt besser, du wirst sehen ..."

Davids Arme und Beine haben endlich das Zusammenspiel herausgefunden. David keucht ein bisschen, aber im Takt der Musik gelingt die Überkreuzbewegung immer besser.

„Bravo, David. Das sieht schon richtig locker aus!" Dieses Lob kommt nicht von Frau Sommerer, sondern von der hüpfenden, leise schnaufenden Mama. David freut sich.

Frau Sommerer nickt dazu. „Wenn du diese Übungen von nun an täglich machst, wirst du staunen, wie leicht und frei du dich bewegen kannst!"

Für die nächste Übung hängt Frau Sommerer eine weiße Tafel an die Wand. „Schau, David, dort liegt eine Schachtel mit bunten Stiften. Such dir eine Farbe, die du magst. Wir machen jetzt ein Achterbahn-Spiel. Dein Stift ist dein Auto und fährt eine Form wie eine liegende Acht. Ich mach es dir vor."

Frau Sommerer lässt einen roten Stift in kühnen Schwüngen eine Acht zeichnen. „Du fängst immer im Mittelpunkt an und fährst von dort aus nach oben. Erst mit der Schreibhand, dann mit der anderen. Zuletzt mit beiden Händen zusammen."

„Mit Musik?", bittet David.

„Wenn es dir so lieber ist, warum nicht?" Frau Sommerer drückt auf den Rekorderknopf.

David lässt den grünen Stift über die Achterbahn sausen. Er summt dazu, es wird fast ein Lied, jetzt singt er:

„Rechts hinauf und rundherum, links hinauf und rundherum ..."

Die Mama summt mit.

„Deine Augen sollen mitmachen, David", sagt Frau Sommerer. „Schau dem Stift zu und denk dabei ans Rechtschreiben."

„Ich schaff es, ich schaff es", singt David. Die grünen Achterschleifen schwingen ganz locker und leicht über die Tafel. „Ich glaube, ich will jetzt ein blaues Auto. Und jetzt noch einen silbernen Mercedes."

„Das macht ihm ja richtig Spaß", flüstert die Mama.

„Stimmt, Mama. Willst du auch?" Er hält ihr den Stift hin.

„Ich fahre mit den Augen mit", sagt sie lächelnd.

Es ist schön, wie sie lächelt. Ihre Lippen sind zart geschwungen, und in ihren Augen funkelt es. So wie jetzt sieht sie meistens nur aus, wenn sie Daniela badet und ihr das Entenlied vorsingt ... David sagt: „Schau, noch ein rotes Auto, in dem wir beide sitzen, du und ich."

Schade, dass der Frau Sommerer noch eine weitere Übung einfällt.

„Die Denkmütze", sagt sie.„Weil du beim Diktat nicht nur Hand und Augen brauchst, sondern auch deine Ohren. Die Denkmütze lässt dich besser hören und macht dich wach und munter."

„Weiß ich", sagt David stolz und reibt seine Ohren, wie Viktoria es ihm gezeigt hat.

„Da bin ich baff", sagt die Mama. „Wieso weiß er das schon?"

David grinst und reibt, dass seine Ohren glühen.

Die Mama hingegen muss diese Übung erst lernen: mindestens dreimal hintereinander die Ohrenränder sanft von oben nach unten massieren.

„Gut, Mama“, lobt David.

„Auch beim Reiben ans Rechtschreiben denken“, erinnert ihn Frau Sommerer. „So, und zum Abschluss nehmen wir uns noch einmal die Stresspunkte vor. Du weißt, man nennt sie auch die ‚Positiven Punkte‘. Die Mama hält sie dir – ja, so –, und du stellst dir jetzt vor, wie du in deiner Klasse vor deinem Diktatheft sitzt und wie du in deinem Kopf die Lichtschalter andrehst.“

„Schnipp, schnipp“, murmelt David.

„In deinem Gehirn wird es nun ganz hell. Bruder Links und Schwester Rechts arbeiten prima zusammen, das Rechtschreiben geht auf einmal ganz leicht ..."

„Und das blöde Kribbeln im Bauch ist weg!", ruft David.

„Toll", sagt Frau Sommerer. „Du hast es geschafft, deine Angst wegzuüben! Wie mich das freut! Mach zu Hause vor dem Rechtschreiben täglich diese Übungen, das kostet dich nur ein paar Minuten Zeit, dafür bleibt dieses neue Gefühl in dir: Ich schaffe es, es wird besser und besser!"

Auf dem Heimweg – David ist nur noch ganz kurz auf dem Schaukelpferd geritten – kauft Mama ein paar Musikkassetten. Sie zwinkert David zu.

„Extra für uns, zum Üben. Und jetzt hab ich Appetit auf Apfelstrudel."

„Ich auch."

Sie gehen in die nächste Konditorei und bestellen zweimal Apfelstrudel, einmal Kaffee und einmal heiße Schokolade. Dann sagen sie wie aus einem Mund: „Und bitte ein Glas Wasser dazu!"

Max

„Na, kleiner Dicker da unten“, sagt Max, der neben David vor dem Schulkiosk in der Pausenhalle wartet. „Was willst du denn kaufen? Eine Mandelschnecke für den Schwabbelbauch, zwei Zimtschnitten für die Schwabbelknie und ein Nusshörnchen für den Schwabbel...“

„An mir schwabbelt nichts!“, ruft David empört. „Aber dir schwabbelt das Hirn, so hoch da oben.“

Max blinzelt vor Staunen, er sperrt den Mund auf, aber es fällt ihm nicht gleich eine Antwort ein. Viktoria kichert.

„Ich kaufe einen Apfel, weil ich heute nicht so arg hungrig bin“, sagt David. „Und du?“

„I-ich? Ei-ei-ein Käsebrötchen, Vollkorn, wenn du es genau wissen willst, Zwerg.“ Max erholt sich von seiner Überraschung. „Vollkorn und Käse, das gibt Kraft beim Fußballspielen. Heute nachmittag spielt meine Gruppe gegen die 3b-Auswahl. Tja, von so etwas kannst du nur träumen, Dicker, was?“

„Letzte Woche hab ich ein Kilo abgenommen“, sagt David. „Und ich würde gern Fußballspielen können. Vielleicht lern ich's noch.“ Er schaut herum, wo in der Pausenhalle etwas Rundliches wie ein Ball liegt, aber er entdeckt nur einen prall gefüllten Turnbeutel vor einem Garderobekasten. „Max“ steht in roter Stickerei darauf. David blinzelt, nimmt Anlauf und kickt den

Turnbeutel mit dem linken Fuß in hohem Bogen in die Halle.

„Idiot!", brüllt Max. „Da ist mein Nachmittags-Überraschungsei drin!"

„Tut mir leid", sagt David. „Hab nicht geahnt, dass du so kindische Naschereien darin versteckst."

Max rennt zu seinem Turnbeutel, die Lehrerin der 3a kommt mit großen Schritten auf David zu. „David, ich habe dich genau beobachtet. Was fällt dir ein, mit Turnbeuteln herumzuschießen! Nur weil du beim letzten Diktat weniger Fehler gemacht hast, brauchst du nicht übermütig zu werden." Mit gerunzelter Stirn geht sie weiter.

Viktoria knabbert an ihrer Karotte und schaut David von der Seite an. „Ich habe dich auch genau beobachtet. Du hast mit deinem linken Fuß gekickt. Das bedeutet, deine Schwester Rechts hat geschossen, sozusagen."

„Welche Schwester, spinnst du?", fragt Gustav. „Er hat ganz allein geschossen, und es war kein schlechter Schuss. Vielleicht könnte man den David doch mal spielen lassen. Im Mittelfeld vielleicht."

Max ist mit seinem Turnbeutel zurückgekommen. Er hat gehört, was Gustav vorgeschlagen hat. „Allerhöchstens im Mittelfeld, und nur, wenn er vorher Laufen geübt hat, der wilde Hund ..."

David grinst. „Wilder Hund" klingt nicht schön, aber tausendmal besser als „Schwabbelbauch".

Max

David, der Fussballer?

Frau Sommerer staunt. David hüpft so leichtfüßig und frohgemut die steile Treppe herauf in den ersten Stock! Hinter ihm keucht seine Mutter, die kleine Daniela auf dem Arm. „Unsere Oma ist heute als Babysitter ausgefallen“, sagt sie. „Darf ich den David bei Ihnen nur abliefern und später wieder abholen? Ich wäre gern dageblieben, aber ich fürchte, die Daniela macht zu viel Krach ...“

„Saukeln!“, quietscht Daniela. „Reiten!“

„Klar, gehen Sie mit der Kleinen schaukeln oder spazieren“, sagt Frau Sommerer. „Ich gebe Ihnen dann die neuen Übungen schriftlich mit. – Eine lustige Schwester hast du, David!“

„Jaja, Omas Sonnenschein, Papas Mutzebutz und Mamas Kitzelkatze“, brummt David. „Mir geht sie auf die Nerven, wenn sie quietscht. Wenn sie still ist und was baut oder mampft, gefällt sie mir. Da hat sie so ein richtig süßes Gesicht mit Kulleraugen. Aber Sie sollten sie hören, wie sie quietscht, wenn Mama mit mir die Überkreuzbewegungen macht. Sie hält sich den Bauch vor Lachen und kreischt, lauter als jede Musik! Die Nachbarn unter uns haben schon einmal mit dem Besen an die Decke geklopft.“

„Das war, als auch der Papa die Übungen versucht hat“, sagt die Mama und lacht. „Frau Sommerer, stellen Sie sich vor, David hat schon Fortschritte im

Rechtschreiben gemacht. Die Lehrerin hat ihn sogar gelobt!“

„Fein“, sagt Frau Sommerer zu David. „Du hast bestimmt auch selber gemerkt, wie gut dir die Übungen tun. Sie helfen übrigens nicht nur beim Schreiben, Lesen und Rechnen, sondern auch bei anderen Dingen, die man nicht gern tut.“

„Auch bei der Hausarbeit?“, fragt die Mama. „Die liebe ich gar nicht, und oft sehne ich mich nach meiner früheren Arbeit zurück. Ich war in einer Gärtnerei beschäftigt.“

„Auch bei der Hausarbeit“, bestätigt Frau Sommerer, „sind die Übungen nützlich. Sie helfen uns Erwachsenen, unsere Ziele im Alltag leichter zu erreichen. Wenn wir etwas nicht gern tun und manche Arbeiten mit schlechtem Gewissen dauernd vor uns herschieben, so ist das ein Zeichen dafür, dass bei diesen Tätigkeiten verschiedene Gehirnteile schlecht zusammenarbeiten.“

„Das heißt“, sagt David begeistert zu seiner Mama, „dass auch in Papas Hirn die Teile nicht immer miteinander telefonieren. Besonders wenn du ihn bittest, den Müll hinunterzutragen.“

„Kommt mir auch so vor“, murmelt die Mama. „Dann sollte ich also die Übungen gezielt für die Hausarbeit einsetzen?“

„Ja, auch wenn sie kein Allheilmittel für alles und jedes sind ... Helfen können sie! Ich habe es an mir erlebt, schließlich bin ich durch diese Übungen auf meinen neuen Beruf gekommen, und ich habe viel Freude daran. Die Freude an diesen Übungen, an diesem neuen Handwerkszeug, ist richtig ansteckend. An vielen Schulen werden die Übungen schon eingesetzt, damit das Lehren und Lernen leichter gelingt."

Die Mama nickt und verabschiedet sich für ein halbes Stündchen, und Daniela streckt die Hände nach dem Schaukelpferd aus.

Diesmal sitzt David allein mit Frau Sommerer im Wohnzimmer.

„Könnten Sie mich nicht wieder fragen, was ich können will, Frau Sommerer?"

Sie lächelt vergnügt. „Was willst du diesmal besser können?"

„Fußballspielen!", ruft David. „Und zwar so gut, dass mich der Max nicht mehr auslacht."

„Fußball – das finde ich prima", sagt Frau Sommerer. „Die Kinder bewegen sich heutzutage viel zu wenig. Den ganzen Tag sitzen sie irgendwo – in der Schule, bei den Hausaufgaben und beim Fernsehen. Dabei sind ein gutes Körpergefühl und trainierte Muskeln wichtig für erfolgreiches Lernen. Bewegung und Lernen gehören zusammen."

„Bei mir ist das so:" – sagt David – „Wenn ich mir nur vorstelle, dass ich mit dem Max in derselben Mannschaft spiele, kriege ich schon Angst, dass ich über meine eigenen Füße stolpern werde ..."

„Aha. Dann also zuerst ein Glas Wasser. Prost! Und denke beim Trinken: Ich kann Fußballspielen, ich schaffe es!"

„Ich schaffe es", grunzt David. „Ich schaffe es."

„Auch wenn du dir jetzt die Gehirnknöpfe rubbelst, bist du mit deinen Gedanken beim Fußballspielen. Na, was ist? Klappt etwas nicht in deinen Gedanken?"

David zögert. „Es ist verrückt. Ich seh immer wieder den Max daherrennen, und er lacht blöd und macht sich lustig über mich. Wissen Sie, ich würde ihn ja gern einmal so richtig verprügeln, aber das geht nicht, er ist viel größer und stärker als ich ...“

„Ich glaube, du hast eine ordentliche Wut auf ihn“, sagt Frau Sommerer. „Das kann ich verstehen. Wie wäre es, wenn du diese Wut auf den Max aus dir herausboxen würdest, und zwar über Kreuz? Schau her: Mit der linken Faust und dem rechten Fuß mit aller Kraft nach vorne stoßen, und dann mit der rechten Faust und dem linken Fuß ... Fest! Noch fester!“

David boxt und schnaubt und boxt. „So und so und so und so! Ja, das tut gut. Und noch einmal. Und noch einmal. Jetzt ist mir besser.“ Er lacht, und Frau Sommerer lacht mit.

„Damit du garantiert nicht über deine Füße stolperst, machen wir nun die Überkreuzbewegung in einer neuen Form: Du berührst hinter deinem Rücken mit der rechten Hand deinen linken Fuß und dann mit der linken Hand deinen rechten Fuß. Mach das ein paarmal hintereinander. Ich mache dir Musik dazu.“

David plagt sich. „Hui, das ist schwer! Wo hab’ ich da hinten nur den Fuß? Ich erwisch ihn ja nie!“

Doch nach einiger Zeit gelingt auch diese Bewegung ein bisschen flüssiger.

„Gut. Und jetzt wird's noch spannender", sagt Frau Sommerer, stellt sich vor David und malt mit einem Leuchtstab Liegende Achten in die Luft.

„Bitte schau dem Leuchtstab nur mit deinen Augen nach, ohne den Kopf zu bewegen. Und mach weiter deine Überkreuzübung. Das ist am Anfang schwierig, wird aber immer leichter, je öfter du es machst."

„Na bumm, wenn ich der Mama das alles beibringen muss", stöhnt David.

„Die wird schauen!"

„Ich weiß noch eine neue Übung für dich, den Elefanten", sagt Frau Sommerer. „Du streckst deinen linken Arm gerade nach vorne und klebst dein linkes Ohr an deine Schulter. Stell dir vor, du hast einen ganz langen Rüssel und zeichnest damit an der gegenüberliegenden Wand eine große Liegende Acht. Geh dabei mit dem ganzen Körper mit, ja, ganz locker in den Knien.

Lockerer! Das machst du ungefähr fünfmal und wechselst dann zum anderen Arm und zum anderen Ohr."

David spielt Elefant und singt dazu: „Auch Elefanten ... spielen gerne Fußball ... auch Elefanten ..."

„Genug", meint Frau Sommerer. „Zum Abschluss hältst du dir nun selbst die Positiven Punkte auf deiner Stirn. Fühle in deinen Körper hinein, ob irgendwo noch ein unangenehmes Gefühl sitzt, wenn du ans Fußballspielen denkst."

David überlegt. „Hm, in meinen Füßen, da ist noch so ein komisches Flattergefühl."

„Was für eine Farbe passt zu diesem Flattergefühl?"

„Farbe? Na, vielleicht Dunkelgrau. Ja, ich seh Dunkelgrau."

„Was könntest du tun, um diese Farbe aus deinen Beinen zu bekommen?"

„Vielleicht mit Wasser und Seife abwaschen?"

„Gut, tu das jetzt in deiner Vorstellung, wasch alles ab, bis nichts mehr von der grauen Farbe da ist."

David hält noch immer seine Stirnbuckel. „Geschafft", sagt er endlich.

„Fein, David. Nun pinselst du in Gedanken deine Beine mit einer Farbe an, die sie fürs Fußballspielen fit machen."

Hinter Davids gekräuselter Stirn arbeitet es. Welche Farbe soll er nehmen? Grün? Grüne Fußballerbeine im grünen Gras? Nein, er sucht sich lieber ein wunderbares, leuchtendes Orange aus. „Fertig!", verkündet er zufrieden. „Das Flattern ist weg. Und meine Beine fühlen sich echt stark an."

„Du hast ein gutes Stück Arbeit geleistet, David, alle Achtung! Weißt du, die Gehirnforscher haben nämlich herausgefunden, dass es für das Gehirn ziemlich die gleiche Arbeit ist, ob du sie wirklich tust oder ob du sie dir nur genau vorstellst. Natürlich ist das wirkliche Fußballtraining eine wichtige Sache für dich, genauso wichtig wie die täglichen Übungen unserer Gehirngymnastik. Man sagt übrigens auch *Brain-Gym* dazu, so heißen sie auf Englisch. Übe sie täglich ein- oder zweimal ein paar Minuten lang. Das macht dich stark und vergnügt und lässt dich deine Ziele leichter erreichen."

Vom Treppenhaus her ertönt ohrenbetäubendes, wütendes Quietschen.

„Aha, die Mama holt mich ab. Sie hat die Daniela vom Schaukelpferd herunterzerren müssen", sagt David mit Kennermiene. „Ich werde ihr so schnell wie möglich diese neuen Übungen beibringen, damit sie den Daniela-Stress leichter wegsteckt ..."

„Tu das, und denk immer an das, was ich dir jetzt sage: Du hast alles in dir, was du brauchst, um deine Aufgaben im Leben zu schaffen.“

David nickt. Er geht zur Tür und öffnet seiner Mutter. Daniela streckt die Hände nach ihm aus.

„Die Frau Sommerer gibt dir noch die Zettel für die Übungen, Mama. Ich geh schon mit der Daniela hinunter und lass sie noch einmal schaukeln“, schlägt David vor. Danielas Gesicht leuchtet auf. „Ganz lieber Dabid!“

Ein Glas Wasser für Gustav

Gustav kauert auf seinem Stuhl und sieht aus, als habe er starke, ganz starke, ja unglaublich starke Bauchschmerzen.

„Hat's dich erwischt mit der Grippe?“, fragt David.

„Nicht mich“, stöhnt Gustav. „Leider nicht mich, sondern den Bruder von der Marlies.“

„Was soll das heißen, spinnst du?“

„Ich spinne nicht, die von der Kirchengemeinde spinnen, und ich hab mich breitschlagen lassen, ich Idiot.“ Er stöhnt so jämmerlich, dass auch die Lehrerin aufmerksam wird.

„Gustav, bist du krank?“

„Noch nicht, aber bis fünf Uhr bin ich's bestimmt, und dann haben sie keinen Bettler!“

Viktoria schaut Gustav mitleidig an. „Jetzt erklär uns mal ganz langsam der Reihe nach, was los ist!“

Gustav schluckt und seufzt und erklärt: „Beim Martinsfest spielen sie immer die Geschichte vom Martin und dem Bettler. Wie der Martin sein Schwert nimmt und seinen Mantel in zwei Teile haut, damit der Bettler auch was hat. Und ein Feuer brennt im Park vor der Kirche, und die Kindergartenkinder marschieren mit ihren Laternen einmal rundherum.

Ja, und diesmal sollte der Bruder von der Marlies der Bettler sein, aber wegen der Grippe kann er nicht, und da haben sie mich ... , mich ..." Er schnauft durch die Nase. „Bei der Probe vorgestern hab ich's ganz gut gemacht, aber heute ... , mir gehen die Zeilen ganz durcheinander, nichts reimt sich mehr, ich werde alles verderben. *Ich kann einfach nicht!*"

„Mensch, Gustav", sagt Viktoria. „Du musst doch nur rufen: Ach, Martin, schau mein Elend an und hilf mir armem Bettelmann ..."

„Ich bin nicht so begabt wie du!", heult Gustav.

David rennt zum Waschbecken und füllt ein Glas bis oben mit Wasser. „Trink das und denk dir dabei: Ich schaff es, ich schaff es, ich schaff es!"

„Du schaffst es", sagt Viktoria.

„Klar schaffst du es", sagt auch die Lehrerin, und dann guckt sie erstaunt zu, was David mit Gustav anstellt: Er stellt sich hinter Gustav und legt ihm beide Hände sanft auf die Stirn. Er sagt so leise, dass es die anderen außer Gustav kaum hören können: „Stell dir das Feuer im Park vor. Und die Winzlinge mit ihren Laternen. Wie sie sich freuen auf das Martinsspiel. Und wie der Martin in seinem Reitermantel daherkommt, und du streckst ihm die Hand hin ... Sitzt du dabei oder stehst du?"

„Ich hocke auf den Stufen vor der Kirche und klappere mit den Zähnen vor Kälte, ungefähr so: Uuuh, uhhh, ...“

„Hört sich echt toll an“, murmelt Viktoria.

„Und was sagst du zum heiligen Martin?“, fragt David.

„Ach, Martin, schau mein Elend an ...“

„Streck die Hand aus. Was sagst du noch?“

„... und hilf mir armem Bettelmann!“

„Bravo“, sagt die Lehrerin. „Das klingt richtig ergreifend, und alle Zuhörer werden denken: Martin, geh nicht vorbei wie alle übrigen, lass dir was einfallen für den armen Bettelmann.“

„Um fünf?“, fragt Max. „Ich komme und schau mir das an.“

„Ich auch“, sagt Viktoria. „ich bin dort und drücke dir die Daumen.“

„Ich auch“, sagt David. „Mit meiner Mama und mit meiner kleinen Schwester. Und wenn du willst, halte ich dir vorher noch einmal die Stirnbuckel. Das ist so ein Geheimtipp von meiner Frau Sommerer, weißt du ...“

„Von *unserer* Frau Sommerer“, sagt Viktoria. „Übrigens, David, eure Daniela geht doch noch gar nicht in den Kindergarten. Sie wird plärren, wenn sie keine Laterne hat!“

„Ui, ui, ui“, sagt David. „Du hast recht. Ich muss unbedingt eine Laterne auftreiben.“

„Kein Problem“, meint die Lehrerin. „In meinem Bastelschrank zu Hause finde ich bestimmt eine Laterne. Die bringe ich mit zum Martinsfest.“

Sie lächelt. „Ich müsste sowieso etwas mit deiner Mama besprechen, David.“

Er runzelt die Stirn. „Besprechen ... , was denn?“

„Nur eine Auskunft wegen einer Telefonnummer“, sagt die Lehrerin.

Advent

„Ich brauche ein paar nette Ideen von euch“, sagt die Lehrerin. „Am Samstag vor dem ersten Adventssonntag haben wir Buchausstellung und Elternabend. Und einen höchst interessanten Vortrag für eure Väter und Mütter. Ich habe eine Lernberaterin eingeladen, Frau Sommerer, David und Viktoria kennen sie schon. Ich habe den Eindruck, dass sie wirklich gute Arbeit leistet, und bin schon selber gespannt auf diesen Abend.“

„Welche netten Ideen brauchen Sie dann von uns?“, wundert sich Viktoria.

„Oh, ich hätte mir vorgestellt, dass wir für diesen Abend unser Klassenzimmer ein bisschen adventlich gestalten. Auf jeden Tisch ein kleines Gesteck zum Beispiel. Oder eine kleine Galerie von Winterbildern an der Wand. Was meint ihr?“

„Winterbilder sind kein Problem“, sagt Gustav. „Die malt uns der David.“

„Eins oder zwei, aber nicht alle!“, ruft David. „So viel Zeit hab ich nicht, ich geh doch zweimal in der Woche in den Fußballclub.“ „Na und? Diese Bilder, David, die malst du im Nu“, brummt Max.

„Reisiggirlanden wären auch schön“, sagt Marlies.

„Ja! Und an der Tafel eine liegende Acht aus Tannenzweigen gewunden und mit rotem Band umwickelt!“, meint Viktoria.

„Eine Acht?“, fragt die Lehrerin. „Wieso gerade eine liegende Acht?“

„Oh, das erklärt Ihnen dann die Frau Sommerer“, sagt David.

Nachwort an die erwachsenen Leser

Viele von Ihnen kennen Kinder mit Lernproblemen, wie den David in unserer Geschichte. Solche Schüler sind durch den andauernden Lernstress in ihrer kindlichen Entwicklung beeinträchtigt. In manchen Familien spielt sich ein Hausaufgabendrama ab: stundenlanges, ermüdendes Sitzen vor Zahlenreihen, Rechtschreibtexten und mühsamen Buchstabierübungen. In der Schule häufen sich die Klagen der Lehrer über unkonzentrierte Kinder, über Kinder, die nicht mehr still sitzen, nicht mehr zuhören können und immer mehr Lernblockaden haben. Das vermehrte Übenlassen der Kinder bringt aber oft nicht den erwünschten Erfolg, verschlimmert eher den Stress und das Gefühl der Hilflosigkeit bei Eltern und Kindern. Was tun?

Die *pädagogische* Richtung der Angewandten Kinesiologie, die Edu-Kinestetik, gibt darauf eine etwas ungewohnte Antwort: Das Lernen hat nicht nur eine mentale Komponente (das Benutzen von Geisteskraft und Intelligenz), sondern auch eine physische und eine emotionale. Körperliche Voraussetzungen wie das koordinierte Zusammenspiel von Gehirn und Körper, die Zusammenarbeit beider Augen, Ohren, Körperseiten und Gehirnhälften sind grundlegend notwendig für ein stressfreies Lernen. Auch der Gleichgewichtssinn, die Orientierung im Raum, ein gutes Körpergefühl und vollwertige Ernährung spielen eine nicht zu unterschätzende Rolle. Hinzu kommen noch die emotionalen Komponenten des Lernens, wie ein gesundes Selbstvertrauen in die eigenen Fähigkeiten, eine positive Einstellung zum Lernen, Teamgeist statt Konkurrenzdenken, Gelassenheit auch in Prüfungssituationen, Selbstverantwortung für das eigene Lernen ... All die genannten Faktoren sind ebenso wichtig wie ein hoher Intelligenzquotient.

Dr. Paul Dennison, ein amerikanischer Heilpädagoge, hat aus diesem Wissen heraus in jahrelanger Forschungsarbeit die Edu-Kinestetik entwickelt und mit seinem Konzept „Lernen durch Bewegung" weltweit vielen Kindern und Erwachsenen einen neuen Zugang zu leichterem und stressfreiem Lernen ermöglicht. Das Herzstück der Edu-Kinestetik heißt *Brain-Gym*® (wörtlich: Gehirngymnastik); dies ist die Bezeichnung für eine Reihe einfacher, vergnüglicher Bewegungsübungen, die ohne großen Zeit- und Materialaufwand zu Hause, in der Schule und im Büro durchgeführt werden können. Sie wirken über die Körperkoordination und über die Stimulation der Körperenergien ganz gezielt auf die Lernfähigkeit des Gehirns. *Brain-Gym*®-Übungen sind Hilfe zur Selbsthilfe und befähigen jung und alt, die eigenen Fähigkeiten und Stärken besser zu erkennen und zu nutzen. Sie sind allerdings kein Allheil- oder Wundermittel, das Lernen überflüssig macht. Sie ersetzen in schwierigeren Fällen nicht den Arzt, den Therapeuten oder den geschulten kinesiologischen Anwender. Doch können diese Übungen andere Maßnahmen ergänzen und effektiver machen. Letztlich können *alle* Lernenden von der integrierenden, energiefördernden, stresslösenden Wirkung der Edu-Kinestetik profitieren.

Ein ganz wichtiger Aspekt, der uns Autorinnen besonders am Herzen liegt, ist das „Mutmachen" aus dem Wissen heraus, dass in uns allen wesentlich mehr ruht, als wir bisher angenommen haben. In „Edu-Kinestetik" steckt das lateinische Wort *educare,* das soviel heißt wie „herausführen, herausholen, herausziehen". Das Handwerkszeug der Edu-Kinestetik ermöglicht das Herausholen verborgener Talente und Fähigkeiten.

Uns ist bewusst, dass nicht alle Lernprobleme mit Hilfe der wenigen Übungen in diesem Buch zu lösen sind. Unser Ziel beim Schreiben dieses Buches war es, Kindern stark vereinfacht, modellhaft, die Vorgänge im Gehirn zu erklären und sie für die Übungen zu motivieren. Manche erwachsenen Leser werden vielleicht Schwierigkeiten haben mit der bildhaften Darstellung der linken und rechten Gehirnhälfte als Bruder und Schwester. Im allgemeinen ist uns zuwenig bewusst, dass wir alle tatsächlich diese unterschiedlichen Anteile in uns haben. (Für den seelischen Bereich traf C. G. Jung eine ähnliche Unterscheidung mit dem Begriffspaar Animus und Anima.) In der heutigen Zeit sind unsere männlichen und weiblichen Rollen noch klischeehaft ausgeprägt, weil wir in unserer Gesellschaft tatsächlich über Jahrhunderte einseitig ausgebildet worden sind. Den *beiden* Seiten in uns Raum zu geben, sie als gleichwertig zu erkennen und in unser Denken, Fühlen und Handeln zu integrieren – das ist ein Schlüssel zu einem erfüllten und glücklichen Leben. Und diese Integration der verschiedenen Gehirnteile ist ein Ziel der Edu-Kinestetik.

Wir empfehlen Ihnen, die Übungen zusammen mit Ihren Kindern täglich ein paar Minuten zu machen. „Auf-richten" statt „unter-richten" – auch mit Hilfe von *Brain-Gym®* – damit das Lernen in der Schule und im Leben leichter gelingt!

Literaturhinweise für vertiefende Lektüre

Weiterführende Informationen zum Gehirn und zu kinesiologischen Methoden im Bereich des Lernens können Sie folgenden Büchern entnehmen:

Birkenbihl, Vera: **Stroh im Kopf.** Gebrauchsanleitung fürs Gehirn, München/Landsberg: mvg, 1988

Buchner, Christina: **Brain-Gym® & Co. – kinderleicht ans Kind gebracht,** Freiburg: VAK, 1997

Buchner, Christina: **Lesen lernen mit links ... und rechts, gehirnfreundlich und ohne Streß.** Bilder Geschichten, Ideen für Lehrer, Eltern und Therapeuten, Freiburg: VAK, 3. Aufl. 1996

Buchner, Christina: **Neues Lesen, neues Lernen.** Vom Lesefrust zur Leselust, Freiburg: VAK, 7. Aufl. 1997

Buchner, Christina: **Stillsein ist lernbar.** Konzentration – Meditation – Disziplin in der Schule, Freiburg: VAK, 3. Aufl. 1996

Buchner, Christina: **Touch for Health im Kopf und in der Tasche,** Freiburg: VAK, 1996

Dennison, Paul E.: **Befreite Bahnen,** Freiburg: VAK, 11. Aufl. 1996

Dennison, Paul E. und Gail E.: **EK für Kinder.** Das Handbuch der Edu-Kinestetik für Eltern, Lehrer und Kinder jeden Alters, Freiburg: VAK, 12. überarb. Aufl. 1996

Dennison, Paul E. und Gail E.: **Brain-Gym®,** Freiburg: VAK, 8. Aufl. 1996

Dennison, Paul E. und Gail E.: **Brain-Gym®-Lehrerhandbuch,** Freiburg: VAK, 8. Aufl. 1997

Brain-Gym® mit Maxi. Das Kartenspiel, Freiburg: VAK, 1997

Goldschmidt, Annemarie: **Alles klar mit Kinesiologie.** Hellwach und voller Energie durch den Alltag, Freiburg: VAK, 1997

Hannaford, Carla: **Bewegung – das Tor zum Lernen,** Freiburg: VAK, 2. Aufl. 1997

Hannaford, Carla: **Mit Auge und Ohr, mit Hand und Fuß.** Gehirnorganisationsprofile erkennen und optimal nutzen, Freiburg: VAK, 1997

Hering, Jochen: **Lernen braucht Bewegung.** Einführung in gehirnfreundliches Lernen für Eltern und Kinder, Freiburg: VAK, 1993 (Audiokassette)
Koneberg, Ludwig: **Kinesiologie für Kinder,** München: Gräfe und Unzer, 1997
Krebs, Charles und Brown, Jenny: **Lernsprünge.** Eine bahnbrechende Methode zur Integration des Gehirns, Freiburg: VAK, 1998
Lesch, Matthias und Förder, Gabriele: **Kinesiologie. Aus dem Streß in die Balance,** München: Gräfe und Unzer, 1994
Meyenburg, Claudia (Hrsg.): **Die Sache mit dem X.** Brain-Gym® in der Schule, Freiburg: VAK, 3. Aufl. 1996
Meyenburg, Claudia (Hrsg.): **Achter, X und über Kreuz.** Edu-Kinestetik in Theorie und Praxis, Freiburg: VAK, 1996
Ornstein, Robert: **Unser Gehirn, das lebendige Labyrinth,** Reinbek: Rowohlt, 1986
Ornstein, Robert und Sobel, David: **Das Gehirn, Schlüssel zur Gesundheit,** Freiburg: VAK, 1995
Restak, Richard: **Geheimnisse des menschlichen Gehirns,** München/Landsberg: mvg, 1989
Stokes, Gordon und Whiteside, Daniel: **One Brain.** Leichter lernen durch Gehirnintegration, Freiburg: VAK, 5. überarb. Aufl. 1997
Vester, Frederic: **Denken, Lernen, Vergessen.** Was geht in unserem Kopf vor, wie lernt das Gehirn und wann läßt es uns im Stich?, München: dtv, 1996.

Informationen über Brain-Gym®-Kurse und Lernberatung erhalten Sie bei:

IAK Institut für Angewandte Kinesiologie GmbH, Freiburg,
Eschbachstr. 5,
D-79199 Kirchzarten bei Freiburg

DGPP Deutsche Gesellschaft für Praktische Pädagogik, c/o Christel Steck-Förstl,
Pilsenseestr. 2, D-82229 Seefeld

Irmgard Heringer, Spannbruckerplatz 6,
D-83410 Laufen

Über die Autorinnen

Lene Mayer-Skumanz, geboren 1939 in Wien, studierte Germanistik und Altphilologie und unterrichtete zunächst an einer Mittelschule. Dann widmete sie sich ganz dem Schreiben und lebt heute als freie Schriftstellerin in Wien. Ihr Werk umfasst Literatur verschiedener Genres: Erzählungen und Lyrik, Bild- und Detektivgeschichten, Hörspiele und Theaterstücke. Viele ihrer Bücher wurden bereits in mehrere Sprachen übersetzt. Sie erhielt zahlreiche in- und ausländische Auszeichnungen und Literaturpreise.

Irmgard Heringer, geboren 1943, war ursprünglich Lehrerin und absolvierte ein zweijähriges Zusatzstudium der elementaren Musik- und Bewegungserziehung am Orff-Institut Salzburg. Sie arbeitet heute in Laufen an der Salzach als freiberufliche Lernberaterin und praktische Supervisorin. Sie hält Vorträge und Kurse und hilft in ihrer Praxis Kindern, Eltern und Pädagogen, Lernschwierigkeiten besser zu meistern.

Anna Heringer, die Illustratorin, ist 1977 geboren und hatte zum Zeitpunkt der Entstehung dieses Buches gerade ihr Abitur (mit Leistungskurs Kunst) gemacht. Danach freiwilliges soziales Jahr in Bangladesh. Ihr Traum ist es, ihre Umwelt ein klein wenig bunter und lebensfroher zu gestalten, sei es mit Pinsel und Farbe, mit Flöte und Fiedel oder mit ihrem angestrebten Beruf als Architektin.